Mindfulness

```
X S M Z T E C N A T P E C C A Q S Y X X
U I W R K W Y T I M I N A U Q E A E E U
B R E A T H N Z W L S E R E N I T Y D R
H D U V E Q Q N O I T C E N N O C K U E
Y H F S J V S I L E N C E O J Y E L T E
B D R O D T Q L Y A C B L C T T Z Z I U
G N Z H C Y N G N U A R Q I N N A T T T
H D F A P U L A C Y Y Q R D E E S H A K
V A O G J H S D V F R A H B C M A G R X
R W U M M Y W U S R L P H M P G O I G B
N A B E W L O P E C E S Z W R D O S Z R
N R C D B Y A V S S H S S Q E U J N V H
A E L I A X A C N O P O B I S J V I J Q
M N Z T L C H L E N J C R O E N I R H B
P E P A A C M E S K L I E U N O T Q C O
O S R T N N R X N T T W S U T N L Z J X
G S L I C H G B Y C T H U S M V Y B R D
L D H O E J M I W B Q N A D V K Q G A F
P G L N Y G L P L F L S P N N V U U J H
S S E N L L I T S J X J T O S T D K Z R
```

ACCEPTANCE
BALANCE
CALM
CONNECTION
FOCUS
INSIGHT
NON-JUDGMENT
PAUSE
SENSES
SILENCE

AWARENESS
BREATH
CLARITY
EQUANIMITY
GRATITUDE
MEDITATION
OBSERVANT
PRESENT
SERENITY
STILLNESS

Self-Care

```
H I N F I O Z W H N Q M O E X Z U V Z R
C N H O T D Q V O J H Y K V C O S R B E
B G F S I O E I H N S E M U B A G P A V
Y Q E V D T T V Y U I K N P A L E T Y I
Z R O H S C A D D G R F N A L J Q P F T
Z M M M E S N X F W U L F H A J A O G A
M G K L T R E Y A Y O F R R N L H R H L
J A F A E W V K A L N G N J C A A X A I
Z E R R T M U Q B X E N N A E T S S P Z
R B Y S B Q J I E U Y R S I I E S W P E
H P S S C B E B D N F R N T L E L V I X
R X G E J I R G N W V V U F N A R D N Q
Q C N N R K Q P Z I R D L L Y Y E N E T
E T I L F E D D B N E O L A H C E H S D
F N R U A X N G G D V E D J B S R F S S
R K E F G N G I L E W G I M W C N Y U E
X V P D N R Z P T Y W I W T V G T O A T
F I M N L Z C C I Y D B I V C J B J Y H
T L A I R E N E W A L Z C G T K S F P J
C T P M L J K I H Y D R A T I O N U M X
```

BALANCE
HAPPINESS
HYDRATION
MINDFULNESS
PAMPERING
REFLECTION
RELAXATION
REST
SELF-LOVE
UNWIND

GRATITUDE
HEALING
JOY
NOURISH
PEACE
REJUVENATE
RENEWAL
REVITALIZE
SERENITY
WELLNESS

Breathing Techniques

```
M A W P B N R V H G X A Q K N N R R I V
N D E O M Z K A C I O V K P I I B D U T
E K J L L Y L M M I D E G Q O K J E J C
X Q K W A S G E C A W D M J P B T L I B
H K Q R S H G E N O Y K N E M A I Y T R
A M B E I X N B K Y D A E D N Y P M E E
L Q K S G K X I E M C D N R V F W L B A
E X U O H H Q O S L D I E A E N A A P T
Z P V N F G Z M L P L T R H R X N Q C H
T L M A I T Y G L W L Y X C I P K K O H
O H W N A I F H M A L S M N U U H G N O
L L J T Z W U G N D A Y G E W L R F T L
C L E A N S I N G B L R O Q T N A T R D
G H K L W I G T P O T F P U J U A R O I
X I N M V W R W J X G H Y A H Q P Y L N
G F T F W M Y T A Q Q X X L Z J A Y L G
K C C S S E N E R A W A H T A E R B E K
D A E K D Z B A B W V Y M T A T R D D N
D H U I Y A J J U L V X H S R Y B R V U
W J O C Z R C I T A M G A R H P A I D F
```

ALTERNATE
BOX
BREATH-HOLDING
CLEANSING
DEEP
EQUAL
INHALE
RELAXING
SIGH
UJJAYI

BELLY
BREATH AWARENESS
CIRCULAR
CONTROLLED
DIAPHRAGMATIC
EXHALE
PRANAYAMA
RESONANT
SLOW

Meditation

```
C C V Z U P Q N F M I N D F U L N E S S
W A W G C Z S J A M V C F N D H W M A Y
H Y X L D E E A A S J E X L S I G A D P
M X Q A S B M N U H Q V F P M C E P J Q
M N G U Y G T K G A X G D R J C Y U Z T
L O M T E R I F X S P Z U C E R D D N I
A I Y I A M U O Z E A W A R E N E S S G
C T I R R D S C Y S E R E N I T Y P N Z
I A N I Y K I U U F H A D L I D L E E R
O X N P H B N S P G B M D D E L C Y Z E
Q A E S F T U T Z Z H B S R O N R X C F
B L R T I N P E B T H T E J E T M A E N
C E P N B Y O G A B I T A L H A E N H F
K R E S W E D J C L N W I E D P V K M R
V A A F X D J Z L E J S L A R L G W X U
H G C E I H E N C E X C U T Z B A Z J N
Y P E S D R E N L I G H T E N M E N T D
G E C N E S E R P B E I M U A Z B P L L
I T W L S N O I T A L P M E T N O C N V
O Q G G A W E Y T I L I U Q N A R T C O
```

AWARENESS
CALM
CONTEMPLATION
FOCUS
MANTRA
PEACE
RELAXATION
SILENCE
STILLNESS
YOGA

BREATH
CENTERED
ENLIGHTENMENT
INNER PEACE
MINDFULNESS
PRESENCE
SERENITY
SPIRITUAL
TRANQUILITY
ZEN

Relaxation Exercises

```
Q Y E X J V Y V W T K S O L U Y Y N Y G
X X Q E R G N I H C T E R T S T O O T R
L O L S E V I T A R O T S E R I V J I N
E Q O A E Q L B G A W I L E S N P Y L F
H Y G E E H C W Z J E S K S J E D R I E
W G G L J H T N D E S L E L U R S E U I
P N N E J J J N E E W R Z B B E J G Q L
T I I R E K D G N V P P B X R S N A N E
G H T N K E L L N M W I X V Y A Z M A R
N T T O M V U M O I K E B K L E G I R S
I A E I X F F C Z Y D P B X F E V D T S
M E L S D T E Q R G E N H W L T N E S E
L R O N W D C G G K M N I Z Z L A D T R
A B I E L U F E C A E P X W B C C I D T
C M E T R N C Q X H X K A N N U S U G S
K B Y A A V Z J H Y B N G Q N U Y G G K
Z G N U N Q K H H R U R O U Z X D S Y Q
M O N T L K A N G T H Z Y C T P O U P T
G N I H T A E R B P E E D O K T B G B R
X N O I T A T I D E M O J X E J K R T J
```

BODY SCAN
CALMING
DEEP BREATHING
LETTING GO
MINDFULNESS
RESTORATIVE
STRESS RELIEF
TENSION RELEASE
UNWINDING

BREATHING
DECOMPRESSION
GUIDED IMAGERY
MEDITATION
PEACEFUL
SERENITY
STRETCHING
TRANQUILITY
YOGA

Nature Therapy

```
M U F V Y T U A E B L A R U T A N K D Z
Q K L E W A T E R F A L L S K Y T S Y C
R R B X I W E Q R Q U W B L M R S H C N
X V S Y D M V N N I I W Y U C M H Q A Y
C W C K C T C F E L A A R A M C W T E W
O I M V S B O S D R F H T D T J U E H F
U L Q S B R L F Q V E K S S Y R X T G S
C D I P E F L Y D Q N S W E E I E N A A
F L G S E O S D R I B E W S R N G E X D
M I T C W S A Y Z G C S O J G F K G S B
X F V E O X W D T A N U T M T F B Y U Z
J E R Q J S Z E E I N I G E U B R F R L
K S E Y D Z R P I D L N K P S E U H B S
L M Q W H H K O S V I I F I N N W X U T
H H U O T K D G O L C D U E H X U N Q E
O O X R A H T X A D H I E Q L R S S L O
E B A J C J I E I X T R N Q N H S I K T
S E E C Z T H E O T G U Q E I A Y F E G
C I D E M K M A D T S M O N C Z R V D E
H Z U U U P K H I V N E E L L S C T C R
```

- BIRDS
- FOREST
- GREENERY
- HIKING
- NATURE SOUNDS
- PEACE
- SERENE
- SUNSHINE
- TREES
- WILDFLOWERS
- EARTH
- FRESH AIR
- HEALING
- NATURAL BEAUTY
- OUTDOORS
- SCENIC VIEWS
- SUNSETS
- TRANQUILITY
- WATERFALLS
- WILDLIFE

Yoga and Stretching

```
G F J P D D R I Q M X H M D K Z Z F Y V
B S B N R N S G M U P T L H I N E X C S
M G N I D N U O R G W G F V T V U R P X
Y F W L N B D C S C U N E O V K G B F Z
X C S C F V R I A K X E K T W U M I X H
A T X M C O R E N D T R S H J X J F N P
F M S Q H T C B A A M T W R S C X M I Y
L R E A X K U H S T H S S T R E T C H M
E M R N M H L N A W H T A G V F I L U I
X I U Z T A T I B I J I A P N A L M B N
I N T I X S Y Y M N X E N H N L T O D D
B O S S N L A A L A Y S W G O J N P W F
I I O E A Z H V N M I T K T I R E D Y U
L T P H C S S U A A P U N P T Y M T L L
I A O F K N A S C S R G H I A V N U I N
T T V G Z E A Y O T A P W G X Z G H E E
Y I Z M Y V A L N E D N H C A J I T O S
J D N U X A W K A I G L A O L Y L E Z S
F E U Z S N Z X V B V D B H E A A Q K M
C M Q W P G T V Z Y Z C D K R L R G Y H
```

ALIGNMENT	ASANAS
BALANCE	BREATHING
CORE	FLEXIBILITY
FLOW	GROUNDING
HATHA	MEDITATION
MINDFULNESS	NAMASTE
POSTURES	PRANAYAMA
RELAXATION	SAVASANA
STRENGTH	STRETCH
VINYASA	YIN

Positive Affirmations

```
E M V D Y Q Y T I V I T I S O P B K B G
Y D R M Q R W G S J Q I Q B N L S I X L
R P W G R J J X O H H J D Q D G B E U U
J R O P Z R N Y B I Q Q P R K E E I N H
W A H H L Q D E O Q V V R B L Z V N A K
F E T T W M X L F M H E W I U T O E B E
B D R G Q R J C M E S K E H R F L M U I
Z U O N M L I O A I Q F T A V G B P N S
Y T W E E B M L L S U C C E S S N O D W
M I F R M O I I H U H N K T N W S W A Z
E T L T P N E C D A A T Z N E S F E N B
C A E S G N A B O G P Z N G R A S R C U
A R S P C C J W G N D P A N Q P D M E Y
E G T E M H U G F U F R I C B O W E Z X
P Y C N G C J I R M U I E N R U D N G Q
R O Q Y W U B P I O M R D M E Q O T G F
E O Y P O C E B C V W B U E H S Z Y S M
N D V Q A N U N Y S P T H M N C S U C B
N V N O I T A V I T O M H X P C V H R X
I S E L F A C C E P T A N C E Q E J F V
```

ABUNDANCE
CONFIDENCE
EMPOWERMENT
GROWTH
HEALING
JOY
MOTIVATION
RESILIENCE
SELF-WORTH
SUCCESS

BELIEF
COURAGE
GRATITUDE
HAPPINESS
INNER PEACE
LOVE
POSITIVITY
SELF-ACCEPTANCE
STRENGTH

Gratitude Practice

```
R L G L S S S E N I P P A H P Y X E D P
L H V S Q D D W O S P E I B G N S M X W
P J C W X C D A T Z S Z Y V O E D Q D C
O N D N P T L Q D R H E Y N R B X X N K
W Y T I V I T I S O P W N E O D I N R U
M M I N D F U L N E S S N D Q M W Y L B
G T C U N Q E A A N Y I B Q N J R R J V
E E S Q C B C G J N T U W M L I U A M L
C C F G D D A O N Y F A F N Y N K M H C
O A N R N H R Y N O I T C E L F E R O D
N E J A M I G U Q O E C N N K N Q N Y A
T P V X D S S A W C L G O M D L N T E A
E E W M P N K S N W W B Y N U E I H H O
N G R H H L U E E H L W T F C S Z I K S
T Y M F W Y I B P L Y P K T O D J O Y X
M O R E P L N L A A B N I R G F C Y G W
E D Q P I O O I C W A O E O U E W U L S
N D F S Z I D Q G H N N Q P I Y P I D H
T Z E P T B M R T H E U D E N N F B E U
H R N A S O B Q W G I L K N W J R R E C
```

- ABUNDANCE
- CONNECTION
- GENEROSITY
- HAPPINESS
- JOY
- MINDFULNESS
- POSITIVITY
- RESILIENCE
- THANKFUL
- BLESSINGS
- CONTENTMENT
- GRACE
- HARMONY
- KINDNESS
- PEACE
- REFLECTION
- SERENITY

Journaling

```
Z V H I X T H O U G H T S I D M A K U Z
Z R E F L E C T I O N I N C O C J H F G
P N O I S S E R P X E T S G H I O J R R
H E A L I N G A F J R Q I R U G Y R H A
S V Z D G T I P V O O D E O H T W K O T
T C V Q Y I K J S I H T Z G V N G N L I
H I R F T M S P Y E X X T N Y H O G W T
G N C E X N E T B A X N W I A C M C G U
U Q O L A C Q M P H E O S L N A X N B D
O E Y I T T S D O M W Q V L S G Z K S E
H X S I T X I G Y R O Q O E F K V E F G
T D O E H A N V J I I R Y T D I A R Y B
R N M D A I R P I Z O E P Y Y H F U M X
E L C Q T M I I T T E V S R T Z B X R F
N Z Z I B D W H P Q Y Q I O I J C P G I
N Z R A E A M Q P S I W R T R R I U M E
I W B R E L E A S E N D A S A M V G R P
Y A H W Y R E V O C S I D F L E S B V H
H T W O R G L A N O S R E P C P X J Y C
S N O I T O M E F I P G I F O R P R R R
```

- CLARITY
- DIARY
- EXPRESSION
- HEALING
- INSPIRATION
- JOTTING
- PERSONAL GROWTH
- REFLECTION
- SELF-DISCOVERY
- THOUGHTS
- CREATIVITY
- EMOTIONS
- GRATITUDE
- INNER THOUGHTS
- INTROSPECTION
- MEMORIES
- PROMPTS
- RELEASE
- STORYTELLING
- WRITING

Creative Expression

```
Q S O B M B S T O R Y T E L L I N G F M
D A J L S N V I K A G S I N G I N G M J
O Y Q M C Y I A X R S I C E Q V T L Z W
N R W C U A W U Z O P E T G S F I G W P
S E W G L A P Q D L O G K C A F N N H J
E T C N P L R G E X E Z B V T I G O P C
W T A I T F E V K E T U C O W L T T J G
F O G T U J T A R T R O L A A O X G J Y
M P L N R S A A V Y Y K R C G V N J U N
L B G I E G E T C P C D T R X I E P O A
A A H A W V H M K Z N I A E T N G I S E
S N D P I O T C X B N P N I G R T G Y R
A D A H Q P I L L G H O R P N A J W T B
U E B K J S H C S Y I W J G N F L Y A T
C D F T U Z D D N H U I I I L R T L S N
L E D M I A O H S N W S G D E Z J F O Y
W S B A N Z G A C C E A T P E V S Q B C
D Y A C L F F D L D M E I S T F A R C D
I F E T O E E R T I O F P B J Z E D V K
Y N Y J V Y R O Z P N I W M D C F R W H
```

ACTING	ART
COLLAGE	CRAFTS
DANCE	DESIGN
DRAWING	FASHION
FILM	IMAGINATION
MUSIC	PAINTING
PHOTOGRAPHY	POETRY
POTTERY	SCULPTURE
SINGING	STORYTELLING
THEATER	WRITING

Aromatherapy

```
N T S T J S L I O L A I T N E S S E V C
F K Y I I H D E I E N I M S A J J M C G
J C F S S U T P Y L A C U E W K R R V N
Z E L I M O M A H C C N U Z S H E I S A
G S U I W Z L D G E S M Z U T W D O P L
H S C J Z R M M D U F U R U W J N S E Y
C P A M R C E A U R X T N C Y K E L P G
B A B N R I R S A I I I L L R T V V P N
T T Z Y D W Y G N C N A P G W R A C E A
S C Y Z O A R T I E R A C D Z N L D R L
S H J O Q A L J E Y C V R S X O A W M Y
A O D I N Y X W S A I N F E T I H T I Q
R U B C I H F A O D T F I P G T T D N Q
G L E Q F F G X N O O R T K U A B R T S
N I K A Q E R D W M D N E N N X J L Y M
O D K K V S E Q C O S N F E C A R O T M
M T P B E R G A M O T U V D Q L R L C Y
E L B W H D T R O S E M A R Y E Z F D M
L L X D C P S E F L R X N A I R D L L W
J Q V X S U W T O O N U S A M Y L R D X
```

- BERGAMOT
- CHAMOMILE
- CLARY SAGE
- EUCALYPTUS
- FRANKINCENSE
- JASMINE
- LEMONGRASS
- PEPPERMINT
- ROSEMARY
- TEA TREE
- CEDARWOOD
- CITRUS
- ESSENTIAL OILS
- FRAGRANCE
- GERANIUM
- LAVENDER
- PATCHOULI
- RELAXATION
- SANDALWOOD
- YLANG-YLANG

Calming Music

```
J C T R A N Q U I L I T Y H Z P Z X C K
N Q T D Z L U L L A B Y V A J F H S P L
R S S X M X B M F P A C S P E P F I A X
R S E N R M B L I S S M P T H X S T R W
P D M B R E J H A A Y H B J X N P N G T
Q N I K Y L W Z P P U C E I Y R P I N U
Z U H Q J O Z E N K D F L C E Y C N I W
U O C Q K D Y N O M R A H W L N X S H F
E S Z N L Y A W C D F U O B O I T T T L
M E F U S C X A O E U N X R I L F R O G
Y R R O W F L A J L G I X B H H K U O Q
Z U F O Q M Q V Z S L N X P R Q Q M S E
P T K S N X G E N T L E I W Y G I E R L
G A V E A T J W M Z F X M L R O Y N X M
M N S Q E R I T Z J W J F X A R J T V H
W S T R E L A X A T I O N G S E R A X Q
H B C G P K G K Q U U R N T P M H L T U
Z R N D K W X E S E R E N I T Y N Z U W
C R X T J A W E T T L U F E C A E P Y C
P Z F O K E N O I T A T I D E M E M G N
```

AMBIENT   BLISS
CALMNESS   CHIMES
GENTLE   HARMONY
HEALING   INSTRUMENTAL
LULLABY   MEDITATION
MELLOW   MELODY
NATURE SOUNDS   PEACEFUL
RELAXATION   SERENITY
SOFT   SOOTHING
TRANQUILITY   ZEN

Sensory Relaxation

```
J E U J W I C A L M N E S S V S Q I F C
A L P Y D V E G V M I I C S T R J A E F
R B I A N E H Z M O E A A F O X X R Z X
O M E K C X G D I G J U T E C F U Y J D
M S P N P S H A D B E X A X P T T B I P
A B Q P J K D H S U I B D J X J O Y A G
T L C J B H H N N S X Q E E X C L F Z Z
H F E A T H E R U B A R T O L T R P D P
E X G Y W Q H I A O B M N B L I F I N A
R X G I X C L M S A S R E N A K T I U L
A M S E S O O T H I N G C X V W V C T U
P M S O Y S K T E O X E S G E A J I A I
Y E G J U I Y J S R E N I P N R D D S T
L L Z V E N E R E S E T I J D M K E H J
D T A Y T I N E R E S L T V E D L P N W
M I J I D N S U V E A E V B R D E R Y M
I N T R A N Q U I L I T Y W N Q T U X P
W G A S U N J L I X T H Z A Y X Q T H J
D R T N P G W O L L E M C U Q F J O N A
N F A M W P E I Q O T P T D U W W A W K
```

AROMATHERAPY   CALMNESS
CANDLES   DIM
FEATHER   GENTLE
LAVENDER   MASSAGE
MELLOW   MELTING
SCENTED   SERENE
SERENITY   SOFT
SOOTHING   SOUNDSCAPE
TACTILE   TEXTURE
TRANQUILITY   WARM

Stress Management

```
F N Y U D O K D Y P Y G F H I H G X E H
H R S E I R A D N U O B N D O R P V C U
E N O I T A T I D E M M B I S U F V A T
J Z R W K M T L G S F P S A P X C A R A
S K Z F H J E R C M J P L V L O X D F R
E J Z S Z K A V O A M B R U G A C I O E
D P A N Q T Y Z Z T L Q V E F V N T F S
U P E M I O V W S O P M Q K Q D U C L I
A R B T R X E A E A Z G N V E N X U E L
N J U M C P E D W T R J G E C Q C W T I
W D B J S E S I C R E X E P S S T Y I E
E G N I V L O S M E L B O R P S Z M R N
A W O W Z S N O I T A X A L E R N S M C
C T Z V J U H E A L T H Y H A B I T S E
F Q T I S X P W S Q S U P P O R T V A Y
S Z K T N O I T A Z I T I R O I R P B C
Z K T I M E M A N A G E M E N T X K T S
V O O Z E M K U M K U G N I H T A E R B
V F N R K G S O N E R A C F L E S R O Z
X W B G H Y C U M I N D F U L N E S S T
```

BALANCE
BREATHING
COPING
GRATITUDE
MEDITATION
PRIORITIZATION
RELAXATION
SELF-CARE
TIME MANAGEMENT

BOUNDARIES
CALMNESS
EXERCISE
HEALTHY HABITS
MINDFULNESS
PROBLEM-SOLVING
RESILIENCE
SUPPORT

Sleep Hygiene

```
T G Y Q B E Y L S L X V J E I O D J O M
B G I C O Z N O S L I P N R E S T F U L
W C E W Y C O D R F E T C M Q U H K T I
N D L C G I I H J I B E T H B S J O H C
E T O D E Z T X A C O V P N L H A U E K
E X N D V T A E P V W F L A S M Q I A W
R T Q Q L T X G X Z O O O R I S U Y L R
F Y N H B P A C Q R D I E E L D T B T P
Y U A J G L L B M Y E D D E K I S S H G
G U N U U O E G G N R B E N L S M Z Y S
O U Z W W E R F I O E P G A A N H F D U
L G O R I Y Y T S L S M U F F P E O I U
O K Q W F N U I J C V Q I W A T P Q E F
N W W N A O D R H M P V L T M G F I T G
H X T Y R P X E U E M I D F D T M C N G
C Q R K E F D D E U P U R N D E T L B G
E O F E T U X L K M Q X W C T X B V S A
T C L F L I S R U O O P D Y E E Z A F B
B S E E Q F S L A U T I R E M I T D E B
S S L I M I T C A F F E I N E I K A H M
```

AVOID NAPPING
BEDTIME RITUALS
LIMIT CAFFEINE
RESTFUL
SLEEP AIDS
SLEEP QUALITY
TECHNOLOGY-FREE

BEDTIME
HEALTHY DIET
RELAXATION
ROUTINE
SLEEP DISORDERS
SLEEP SCHEDULE
UNWIND

Healthy Lifestyle Habits

```
J D W Z P H Y S I C A L A C T I V I T Y
K V S T E I D D E C N A L A B J R H G H
M O D E R A T I O N D N U T R I T I O N
R S O S E L F D I S C I P L I N E M C Z
N S E B L Q E H Y D R A T I O N B E L H
G E F L C D Y R R O U T I N E Q P C T
M N E H F J J G D G V M J F O T C C A E
I E M H S C V W L Q D S Z Y Q L N U V S
N R T A Z S A W S S E N T I F A R E A D
D A H R W G E R N P X K N A Q M B S F N
F W B R Y J Q N E O E F P T M R C I H I
U A V E U P J H L W I E K P T C B C V M
L H N L G L M N O L H T L D S N G R O E
N T F A E E P H H K E Z A S C S J E W V
E L S X N K K B A Z T W T T U I S X O I
S A Z A Q R A Y Z G E Z E Q I C N E B T
S E M T Q A U L U H Q I R B E D F W H I
E H A I T N E M E G A N A M S S E R T S
I H D O H H T L A E H L A T N E M M J O
U F D N I F B V S M O I W E P I T F E P
```

BALANCED DIET
FITNESS
HYDRATION
MENTAL HEALTH
MODERATION
PHYSICAL ACTIVITY
RELAXATION
SELF-CARE
SLEEP
WELLNESS

EXERCISE
HEALTH AWARENESS
MEDITATION
MINDFULNESS
NUTRITION
POSITIVE MINDSET
ROUTINE
SELF-DISCIPLINE
STRESS MANAGEMENT

Social Support

```
Y H F R N H O G X U G T U T H L W H Z U
S L G T F R I E N D S H I P S V A D N F
E V B N S U Y H T A P M E R O U N B P J
C C O L L A B O R A T I O N G J R I U V
N C O M M U N I C A T I O N U X H T N A
E R Y U L X E U A X J N V N G S G U N L
I E T G N I N E T S I L D G N Y R O G I
R L I H F V Z I Z A C E B O O T I N T D
E A N F S P Q N E K R G I F U S I J N A
P T U D X H A F I S O N L R U G V A E T
X I M O V C V N T E A D I L N D C Y M I
E O M M V U D A V P G N C O R C Y R E O
D N O L K N N I M N G N L R E M Y P G N
E S C E E D T O B D I E M P S M T F A X
R H C S I R C L G X B V T R C T I A R E
A I S N O A I Y L C Y A L P V T F I U O
H P G P Y U J I N L N E Q Z F G I W O M
S S P A W G I T T C Z W T A L J P U C K
J U N E Q H V R E P Y Q Q N I V N H N E
S Y Q Z I C O N N E C T I O N O W N E Y
```

ACCEPTANCE
COLLABORATION
COMMUNITY
CONNECTION
ENCOURAGEMENT
INCLUSION
LISTENING
RELATIONSHIPS
SUPPORTIVE
UNDERSTANDING

BELONGING
COMMUNICATION
COMPANIONSHIP
EMPATHY
FRIENDSHIP
KINDNESS
NURTURING
SHARED EXPERIENCES
TRUST
VALIDATION

Building Resilience

```
S G R O W T H M I N D S E T B B B C A H
F A I N N E R S T R E N G T H R O C U W
S A P T S N F F C A D H H K T E C C J S
S Q R O A L D L U P J U R Z Z E U O N Q
E G O P G W G E M E G O O F P G A P K T
N M B T V S W X C X G V M T I D B I A T
L E L I Q E G I U M M A A D A P Y N Y P
U T E M E L S B S Q I N R P F P Q G L A
F S M I C F V I Q T C N T U O C N S E W
E Y S S N B F L K E M A D S O I T K A S
C S O M A E N I Z D B C I F M C G I R Z
R T L E R L Q T V I N T K O U F A L N L
U R V D E I E Y L W I R C S D L C L I C
O O I I V E S I G V D R T Y Z D N S N Y
S P N C E F T C I F E R D D B N J E G G
E P G Q S Y E T M V E V C X F E P S S E
R U A V R Z Y K O N Y Y S I H L H G O S
I S M F E W W H G I Q R E R A C F L E S
V V A O P L F T V G G C W N C I D C S W
E G S X C U H I P C D G V P T D W M K O
```

ACCEPTANCE
COPING SKILLS
FLEXIBILITY
INNER STRENGTH
MINDFULNESS
OVERCOMING
POSITIVITY
RESOURCEFULNESS
SELF-CARE
SUPPORT SYSTEM

ADAPTABILITY
COURAGE
GROWTH MINDSET
LEARNING
OPTIMISM
PERSEVERANCE
PROBLEM-SOLVING
SELF-BELIEF
STRENGTH

Cognitive Restructuring

```
W E M P O W E R M E N T D Q N N K V S V
B Q V F V G N I G N E L L A H C M E D R
F B N G I G N I V L O S M E L B O R P X
X I Y N A N D A V S T H G U O H T H X P
A N O I M I Q Y T I L A N O I T A R E N
R V Z T G M T E S D N I M H T W O R G O
I F Q S J A B A L A N C E D V I E W X I
N N K E C R E T K L H Y J D D R O I P T
H O H T N F L L K L A T F L E S X N D C
X B I Y T E I S G K D J H F O C T N Q E
T Q K T A R E L T E C N E I L I S E R L
Z O U I A Q F V I B E I Z B O V Y R P F
Z T D L M U S L D C T M R W L M T D B E
I C N A R O L N E F C M T R K I J I U R
H K O E Q Y P A S J I T M R O U G A S F
U O N R A R R E V N K T D N P P I L S L
R K S O U W U E D E B B P M L E G O T E
K Y W L Z E I S J Q E H C O H W V G G S
C Q O B Q W E H T H Z R H O D D L U H P
J Z H G U T X M E V I T C E P S R E P L
```

BALANCED VIEW
CHALLENGING
GROWTH MINDSET
MINDSET
PROBLEM-SOLVING
REALITY TESTING
REFRAMING
SELF-REFLECTION
THOUGHTS

BELIEFS
EMPOWERMENT
INNER DIALOGUE
PERSPECTIVE
RATIONALITY
REEVALUATION
RESILIENCE
SELF-TALK

Emotional Regulation

```
R E S I L I E N C E Q X P H Y L Q K M V
T X D I S V Z P G L H G O B U P F B L X
X U K S J S P K Y N W V N I I C Q K R V
S B S Q S Y E W Y U I H E I E Q F G Q Q
S W A E M E H N C S X D G V P V Y A M R
E N C L L Q N T E P S W N J L O P W O U
N O B N A F O M A R N E E U X E C S B Z
E I W C G N C C L P A D N U O N J O V W
R T F O Z N C O O A M W W L O R D M L I
A A T I R M I E N Z C E A I U M G J W S
W L N B M E V H Y T T X T F S F D T M Y
A U P I R O G B T T R A B N L A D J F S
L G W I N E Q U P O X O O R M E K N W M
Y E S Z S L A B L A O I L L R F S N I O
W R S F N I E T L A T S R I J W Q C Z M
Q F S O G P O E H O T F F J V B M U U J
T L H H E H R Y M M L I X L E Z Z D I I
W E H W I V I E V C U G O I E Z B N D G
U S H W Y K W E T J R G C N C S F N N A
L O R T N O C E S L U P M I W H O M C O
```

AWARENESS
BREATH
COPING
EMPATHY
IMPULSE CONTROL
REGULATION
RESILIENCE
SELF-CONTROL
SELF-SOOTHING

BALANCE
CALMNESS
EMOTIONS
GROUNDING
MINDFULNESS
RELAXATION
SELF-AWARENESS
SELF-REGULATION

Mind-Body Connection

```
U N O I T C E N N O C A U V H B I G L B
B C E N J O J G N I E B L L E W F K R W
S G S X Y R B K L P R E S E N C E Y O A
L S Y N O M R A H J C R D Y F Y U S V M
M I A V G I N O I T A R G E T N I R T I
R H G Y A Y H H G X V V X N X L U N H N
V V A J C B H G S K X K E T J E E T E D
H G R G H E W S G W R M H X H M A V F F
X Y R B A J E L C E N O D M I E X Z H U
N B A L A N C E L G L L E D R Z Y N S L
Q Y I E E O H A I I A D O B R F A N F N
S N M R X C X L S H I B Z N D Z W G B E
G H A W S A A T I T M S F Z A C Y O J S
K W N I T S I C A E N A E Y H B Z F E S
A I O I G C E T J T P E E L G S L S T L
W E O X Z C I N Z R B Q J I F R I C X I
A N W P U O C Q L U M F T T H C E Q K R
G U I B N M X W H L I T E G O Y A N A W
K Z E C N E I L I S E R C O M V D R E V
A A X C W I L O T D K W A S M J V P E H
```

ALIGNMENT
BALANCE
CONNECTION
ENERGY
HEALING
INTEGRATION
MINDFULNESS
RELAXATION
SELF-CARE
WELLNESS

AWARENESS
BREATH
EMBODIMENT
HARMONY
HOLISTIC
MEDITATION
PRESENCE
RESILIENCE
WELL-BEING
YOGA

Self-Compassion

```
V U U G E E C D P S S E N T F O S G C U
Y N S Q C G V L Z R D E V O L F L E S C
B D C L X R B T N E M G D U J N O N W O
I E A B U Z U W D K A G N M K O Y V E M
Q R I H U U W P I M D Q T V S H F N P P
W S R N K A Q N W M Y U P E T L O P D A
V T P Z E Q D O O T N S L A A Q F K T S
L A O Y E N E Z U U C F P E P E G E E S
U N P F E V I C R U A M V Q A L Y Z N I
E D O S O S O T A C E I L E D T U D D O
R I S R X R U L C R T C C A G N R Z E N
A N P I F R G E I R G N M Q M E V X R A
C G L A I K P I O D E D F I I G W J N T
F L A N R T L P V I O P J E N J H U E E
L W G H A U P M T E E U M P D N H O S R
E X G N U U W A S V N R F L F K M W S F
S D C J S U P D F A Z E A N U E C A F T
A E C N A T P E C C A C S C L T M F O X
J A X T V F Z S C I P A R S S X U S G K
D Q P K V Y P N W X K X A B T S N Z L Z
```

ACCEPTANCE
COMPASSIONATE
FORGIVENESS
GRACE
LOVE
NON-JUDGMENT
PATIENCE
SELF-CARE
SOFTNESS
TENDERNESS

CARE
EMPATHY
GENTLE
KINDNESS
MINDFUL
NURTURING
SELF-ACCEPTANCE
SELF-LOVE
SUPPORTIVE
UNDERSTANDING

Mindful Eating

```
T W E P T N E M H S I R U O N X K O O H
X A W A R E N E S S B R E R U T X E T A
M B V A I X Z S S E N L L U F T Z R M P
D C O N S C I O U S C R A V I N G S P P
Y F K H Z O B H A A L S S E G E W M D R
J T J P N B B H T Y P L F N P M V R N E
Q D E U B G H E G L V U I D Q G N H C C
B P F I S Z S P S Y A W E G S D B K L I
F M H B T S B O O Y E Y D T A U L C S A
J I X N A A Z R O H X J U Z V J X O C T
F N B O F J S T C J B F T Y O N B I A I
U D D I L M T I V G A M I Y R O Y W T O
T F F T A I G O E T L M T F I N F S R N
G U P N V L A N B D A Q A M N P J E A K
G L L E O E O L U E N S R F G Y G R X W
F B H T R R W F J P C G G X T N N W M T
D I N N C T C W A G E G L L U J R E M R
O T D I C T W Q A B L U P H R I U T U P
F E N R L Q T C O N N E C T I O N Z W S
D S D E S L O W K I J R D U L B C I I F
```

APPRECIATION   AWARENESS
BALANCE   CHEWING
CONNECTION   CONSCIOUS
CRAVINGS   FLAVOR
FULLNESS   GRATITUDE
HUNGER   INTENTION
MINDFUL BITES   NON-JUDGMENT
NOURISHMENT   PORTION
SATIETY   SAVORING
SLOW   TEXTURE

Exercise and Movement

```
E X E R C I S E E Q U I P M E N T W A K
A C T I V E E C N A R U D N E D Z S P N
Z T H H T G N E R T S Q A W F T Z R N R
C E M X X S U M W G S D B D R C Q T A Y
R E S I S T A N C E Q N R A E P E G Y I
H V A W I O X A T D O O I W O R K O U T
V H G Q U D W A G I G N N C U S O Z Y H
I C I F A S L B T N I W P K T D I A H I
O I L F P I G A Q N I J E A N Q Z S R D
L D I K P Z V G G K D H M L M H R O H N
Z Z T J A I A U G Z R I C G C W F E R F
G S Y S T R O P S V N I J T L I S O C N
C T M O W O S I B A M H C B E C K Y C Y
R J M Y G V S K D Y G A A F I R V R I A
U N L Q Z A E Z M I R L I B V T T R D P
M O V E M E N T L D A S O Y G D E S J O
P D U Z M S T F I N F R B M P O N R B Q
N W E W F E I O C K E L T B J M U G R S
I V Y V A X F E F A S A K I Q A O J X Q
T E Z G U K C R F L E X I B I L I T Y P
```

ACTIVE
AGILITY
CARDIO
EXERCISE EQUIPMENT
FLEXIBILITY
MOVEMENT
RESISTANCE
STAMINA
STRETCHING
WORKOUT

AEROBICS
BALANCE
ENDURANCE
FITNESS
MOTIVATION
PILATES
SPORTS
STRENGTH
TRAINING
YOGA

Holistic Wellness

```
F N O I T C E N N O C T M Z X K G P U X
N V G W F I T Y G M J E U H D O J A Y J
X Y I K T D J M Y C I C A L B I M T I B
N D Z X V V W A W A W N Q P G Q R V Q E
H E A L I N G I M E F A D A M A J S V W
P H X M M U K W L X I L L F N I J M I D
K M T B X O E L M N V A Y S U G L A S Y
Y A M W T T B M T N J B F E K L W J T F
L Z G H O E N E P Y N O M R A H N I U T
A I T V I R G E E O R K W Y O F L E N D
V U X N A R G R M M W Q K L K A I E S E
C I G P A O A M A H W E E G T A M Q Y S
L I A T F C I T G J S N R I J N D A D V
C I I O F N I V N Q E I V M G B T Z S O
A V X L Q O O D M S I C R I E D I C Z I
E X E O N J E A S L L C L U R N T G K E
G S P G F I F Z X S M A I Y O F T M D D
C V L Z R Y S E R E N I T Y U N P I F F
U N G Y S O S B V R E S I L I E N C E Z
M E N S B K S E L F R E F L E C T I O N
```

ALIGNMENT	BALANCE
CONNECTION	EMPOWERMENT
GROWTH	HARMONY
HEALING	INTEGRATIVE
MINDFULNESS	NOURISHMENT
RESILIENCE	SELF-CARE
SELF-REFLECTION	SERENITY
TRANSFORMATION	VITALITY
WELL-BEING	WHOLENESS

Time in Nature

```
V A F N O I T A R O L P X E Y Z D E S A
B P N D B H S W K P Q W K L P X R S L I
Y C A S G A B X Z E I P B W T V M N B Y
C Z C L R A I V R L M H L H N D M Q T T
D F K V S R Q U D S J O N S C E N I C U
G S F N D F T L W S G L U A O S I L B A
R N J G M N I H F E C S O B E Y U F Z E
E Z V K E F R J O N W R T R C F P E L B
E B R V E M C H R R L L E E E R Q B W L
N Z D T N E U A E E L N I C Y W S O A A
E A X R Q H T B S D E M A U D K O P X R
R G Q T A W Z G T L Q E W N Q D Q X N U
Y H N U H Z I J B I P L Q P S N V B T T
W Y K I P Z H Z N W P Y U Q C M A P F A
A C U E K S L I A R T E R U T A N R L N
K A J U L I F R E S H A I R K F T J T R
U C J B P G H O U T D O O R S X E G E O
Z R E L A X A T I O N Z S N F B X I U C
Q P H S O L I T U D E X P Y G T A I D G
N A T U R E I M M E R S I O N Q A Z Z N
```

ADVENTURE
FOREST
GREENERY
NATURAL BEAUTY
NATURE TRAILS
PEACEFUL
SCENIC
SOLITUDE
WILDERNESS
WOODS

EXPLORATION
FRESH AIR
HIKING
NATURE IMMERSION
OUTDOORS
RELAXATION
SERENE
TRANQUIL
WILDLIFE

Digital Detox

```
F P T N Z B S N J J C G H X V P L W L V
L N E P I A N M H E V C R W W A V M Y C
V H I I E E N T R K O E C O F F L I N E
D E U J G U L A R N L G R A T E X J W O
T A Q A T V C Y P A N E H Y G E K V Y G
F L U O S F Y W X R F Y K R G F A C M B
H T N Y L K G A T L J C A A C E E A T O
W H R E K U T O E T R H G J R K R R P S
C N S P I I V C C E N N K W B B E R C
L P N L O H T E A E E W I M H Q Y S E R
B V K N I I N T R I N A T U R E G T S E
B G G S O N I I X S K G P F B U O K E E
I N W N O V W V C U H E L Q L G L R N N
S P X C I H U L D Q C H E P C B O C C F
C P S T P T S Q S N F T N Q G L N Z E R
V I Y V M Z T G A W E U Q R Q H H O N E
D D I G I T A L W E L L N E S S C U A E
Y T E B Y T A K B F U F E H G D E P A Y
C U A L Y B A J X C Q C X M E M T U Y J
Z U C C B T J M I N D F U L N E S S M P
```

BALANCE
DIGITAL WELLNESS
ENGAGE
MINDFULNESS
OFFLINE
QUIET
REFLECTION
REST
SELF-CARE
UNPLUG

CREATIVITY
DISCONNECT
HEALTH
NATURE
PRESENCE
RECHARGE
RELAXATION
SCREEN-FREE
TECHNOLOGY BREAK

Assertiveness Training

```
Z U S A D L J E Z A G N H G W Z D J W T
J L P S N C S E O G O I M D U E N T J F
J P J L E I U P Q I G E E N I G S T J K
S Q E N C N O I S S E R P X E F L E S J
H I R J Q I T S Q T J C D M Q Q W M M V
A S A O P H E C S P F A L H D J T P D C
G W E R C R N E E G X V M A R M T J E O
C K F I P A F O L R N X Y Y R N Z A C N
K K G X R L W V I O I C D L E I L U I F
W Y E J E A D G I T A D V M R Z T N S I
Z P J S E E D T K C R A R E J Y O Y I D
C W F Q Z T A N O D D E S P B J H Z V E
R W N M X I J V U K W P S O X T P E E N
G T N Z T E D N M O E O U S Q A B P N C
D Q P O G A A Y P C B W R N A F Z J E E
J T G W F D R M T H N T Z U T F K G S V
U E I L D Q E P F R G Y X B I J L T S Q
N Q E U P O P E N N E S S O P R I E B U
L S E C O M M U N I C A T I O N R Y S L
C E C N A R U S S A F L E S A W D P N I
```

BOUNDARIES
COMMUNICATION
DECISIVENESS
EMPOWERMENT
NEGOTIATION
RESPECT
SELF-ASSERTION
SELF-ESTEEM

CLARITY
CONFIDENCE
DIRECTNESS
EXPRESSION
OPENNESS
SELF-ADVOCACY
SELF-ASSURANCE
SELF-EXPRESSION

Laugh Therapy

```
K C W C F U G C O M E D Y C L U B S E D
X W Q Z O E X E U H S S V B S S O I U G
H C V U I P R K D S M Y N S B K C U F F
H S N B K I M L E I M I Z A Y T I X B P
D G Y S I L K N L E V K E F I H B O A P
B O P J E L I E Y R V A J M Q D J N C Y
V O A A F P B X O K L A U G H T E R J T
T F R B P V L C J H F C R H E E M M E B
Q J E A P T N J A J B G I G G L E S O Q
F X H W O O R N V T R H X A T X D A G C
L Y T A L O L Y I L Y Q M X D D A C R P
V D R L F K R L M T Z U R X O Z T N L Y
T E E H N U U C I J S C B B C R Z N W S
W M T U J W N R T E W I U H W R L S X F
I O H M Q T A N M D W B U O J P G G H I
T C G O N L L E Y A E C N S J G F K Y E
S S U R I X N S X U K R T S J O X M U T
N O A H U T M U K L L U K B K B K T M Z
E Z L W A S S S E N L U F Y A L P E A W
I G J R U B P A H G U A L Y L L E B S C
```

- AMUSEMENT
- CHUCKLE
- COMEDY
- FUNNY
- HAPPINESS
- HUMOR
- JOY
- LAUGHTER THERAPY
- SMILE
- BELLY LAUGH
- COMEDIANS
- COMEDY CLUBS
- GIGGLES
- HILARITY
- JOKES
- LAUGHTER
- PLAYFULNESS
- WIT

Mindfulness - Solution

(word search solution grid containing: ACCEPTANCE, EQUANIMITY, BREATH, SERENITY, CONNECTION, SILENCE, STILLNESS, and other hidden words)

Self-Care - Solution

(word search solution grid containing: RENEWAL, HYDRATION, and other hidden words)

Breathing Techniques - Solution

(word search solution grid containing: CLEANSING, BREATHAWARENESS, DIAPHRAGMATIC, and other hidden words)

Meditation - Solution

(word search solution grid containing: MINDFULNESS, AWARENESS, SERENITY, YOGA, ENLIGHTENMENT, CONTEMPLATIONS, PRESENCE, TRANQUILITY, and other hidden words)

Relaxation Exercises - Solution

Q Y E X J V Y V W T K S O L U Y Y N Y G
X X Q E R G N I H C T E R T S T O O T R
L O L S E V I T A R O T S E R I V J I N
E Q O A E Q L B G A W I L E S N P Y L F
H Y G E E H C W Z J E S K S J E D R I E
W G G L J H T N D E S L E L U R S E U I
P N N E J J J N E E W R Z B B E J G Q L
T I I R E K D G N V P P B X R S N A N E
G H T N K E L L N M W I X V Y A Z M A R
N T T O M V U M O I K E B K L E G I R S
I A E I X F F C Z Y D P B X F E V D T S
M E L S D T E Q R G E N H W L T N E S E
L R O N W D C G G K M N I Z Z L A D T R
A B I E L U F E C A E P X W B C C I D T
C M E T R N C Q X H X K A N N U S U G S
K B Y A A V Z J H Y B N G Q N U Y G G K
Z G N U N Q K H H R U R O U Z X D S Y Q
M O N T L K A N G T H Z Y C T P O U P T
G N I H T A E R B P E E D O K T B G B R
X N O I T A T I D E M O J X E J K R T J

Nature Therapy - Solution

M U F V Y T U A E B L A R U T A N K D Z
Q K L E W A T E R F A L L S K Y T S Y C
R R B X I W E Q R Q U W B L M R S H C N
X V S Y D M V N N I I W Y U C M H Q A Y
C W C K C T C F E L A A R A M C W T E W
O I M V S B O S D R F H T D T J U E H F
U L Q S B R L F Q V E K S S Y R X T G S
C D I P E F L Y D Q N S W E E I E N A A
F L G S E O S D R I B E W S R N G E X D
M I T C W S A Y Z G C S O J G F K G S B
X F V E O X W D T A N U T M T F B Y U Z
J E R Q J S Z E E I N I G E U B R F R L
K S E Y D Z R P I D L N K P S E U H B S
L M Q W H H K O S V I I F I N N W X U T
H H U O T K D G O L C D U E H X U N Q E
O O X R A H T X A D H I E Q L R S S L O
E B A J C J I E I X T R N Q N H S I K T
S E E C Z T H E O T G U Q E I A Y F E G
C I D E M K M A D T S M O N C Z R V D E
H Z U U U P K H I V N E E L L S C T C R

Yoga and Stretching - Solution

G F J P D D R I Q M X H M D K Z Z F Y V
B S B N R N S G M U P T L H I N E X C S
M G N I D N U O R G W G F V T V U R P X
Y F W L N B D C S C U N E O V K G B F Z
X C S C F V R I A K X E K T W U M I X H
A T X M C O R E N D T R S H J X J F N P
F M S Q H T C B A A M T W R S C X M I Y
L R E A X K U H S T H S S T R E T C H M
E M R N M H L N A W H T A G V F I L U I
X I U Z T A T I B I J I A P N A L M B N
I N T I X S Y Y M N X E N H N L T O D D
B O S S N L A A L A Y S W G O J N P W F
I I O E A Z H V N M I T K T I R E D Y U
L T P H C S S U A A P U N P T Y M T L L
I A O F K N A S C S R G H I A V N U I N
T T V G Z E A Y O T A P W G X Z G H E E
Y I Z M Y V A L N E D N H C A J I T O S
J D N U X A W K A I G L A O L Y L E Z S
F E U Z S N Z X V B V D B H E A A Q K M
C M Q W P G T V Z Y Z C D K R L R G Y H

Positive Affirmations - Solution

E M V D Y Q Y T I V I T I S O P B K B G
Y D R M Q R W G S J Q I Q B N L S I X L
R P W G R J J X O H H J D Q D G B E U U
J R O P Z R N Y B I Q Q P R K E E I N H
W A H H L Q D E O Q V V R B L Z V N A K
F E T T W M X L F M H E W I U T O E B E
B D R G Q R J C M E S K E H R F L M U I
Z U O N M L I O A I Q F T A V G B P N S
Y T W E E B M L L S U C C E S S N O D W
M I F R M O I I H U H N K T N W S W A Z
E T L T P N E C D A A T Z N E S F E N B
C A E S G N A B O G P Z N G R A S R C U
A R S P C C J W G N D P A N Q P D M E Y
E G T E M H U G F U F R I C B O W E Z X
P Y C N G C J I R M U I E N R U D N G Q
R O Q Y W U B P I O M R D M E Q O T G F
E O Y P O C E B C V W B U E H S Z Y S M
N D V Q A N U N Y S P T H M N C S U C B
N V N O I T A V I T O M H X P C V H R X
I S E L F A C C E P T A N C E Q E J F V

Gratitude Practice - Solution

Journaling - Solution

Creative Expression - Solution

Aromatherapy - Solution

Calming Music - Solution

J C T R A N Q U I L I T Y H Z P Z X C K
N Q T D Z L U L L A B Y V A J F H S P L
R S S X M X B M F P A C S P E P F I A X
R S E N R M B L I S S M P T H X S T R W
P D M B R E J H A A Y H B J X N P N G T
Q N I K Y L W Z P P U C E I Y R P I N U
Z U H Q J O Z E N K D F L C E Y C N I W
U O C Q K D Y N O M R A H W L N X S H F
E S Z N L Y A W C D F U O B O I T T T L
M E F U S C X A O E U N X R I L F R O G
Y R R O W F L A J L G I X B H H K U O Q
Z U F O Q M Q V Z S L N X P R Q Q M S E
P T K S N X G E N T L E I W Y G I E R L
G A V E A T J W M Z F X M L R O Y N X M
M N S Q E R I T Z J W J F X A R J T V H
W S T R E L A X A T I O N G S E R A X Q
H B C G P K G K Q U U R N T P M H L T U
Z R N D K W X E S E R E N I T Y N Z U W
C R X T J A W E T T L U F E C A E P Y C
P Z F O K E N O I T A T I D E M E M G N

Sensory Relaxation - Solution

J E U J W I C A L M N E S S V S Q I F C
A L P Y D V E G V M I I C S T R J A E F
R B I A N E H Z M O E A A F O X X R Z X
O M E K C X G D I G J U T E C F U Y J D
M S P N P S H A D B E X A X P T T B I P
A B Q P J K D H S U I B D J X J O Y A G
T L C J B H H N N S X Q E E X C L F Z Z
H F E A T H E R U B A R T O L T R P D P
E X G Y W Q H I A O B M N B L I F I N A
R X G I X C L M S A S R E N A K T I U L
A M S E S O O T H I N G C X V W V C T U
P M S O Y S K T E O X E S G E A J I A I
Y E G J U I Y J S R E N I P N R D D S T
L L Z V E N E R E S E T I J D M K E H J
D T A Y T I N E R E S L T V E D L P N W
M I J I D N S U V E A E V B R D E R Y M
I N T R A N Q U I L I T Y W N Q T U X P
W G A S U N J L I X T H Z A Y X Q T H J
D R T N P G W O L L E M C U Q F J O N A
N F A M W P E I Q O T P T D U W W A W K

Stress Management - Solution

F N Y U D O K D Y P Y G F H I H G X E H
H R S E I R A D N U O B N D O R P V C U
E N O I T A T I D E M M B I S U F V A T
J Z R W K M T L G S F P S A P X C A R A
S K Z F H J E R C M J P L V L O X D F R
E J Z S Z K A V O A M B R U G A C I O E
D P A N Q T Y Z Z T L Q V E F V N T F S
U P E M I O V W S O P M Q K Q D U C L I
A R B T R X E A E A Z G N V E N X U E L
N J U M C P E D W T R J G E C Q C W T I
W D B J S E S I C R E X E P S S T Y I E
E G N I V L O S M E L B O R P S Z M R N
A W O W Z S N O I T A X A L E R N S M C
C T Z V J U H E A L T H Y H A B I T S E
F Q T I S X P W S Q S U P P O R T V A Y
S Z K T N O I T A Z I T I R O I R P B C
Z K T I M E M A N A G E M E N T X K T S
V O O Z E M K U M K U G N I H T A E R B
V F N R K G S O N E R A C F L E S R O Z
X W B G H Y C U M I N D F U L N E S S T

Sleep Hygiene - Solution

T G Y Q B E Y L S L X V J E I O D J O M
B G I C O Z N O S L I P N R E S T F U L
W C E W Y C O D R F E T C M Q U H K T I
N D L C G I I H J I B E T H B S J O H C
E T O D E Z T X A C O V P N L H A U E K
E X N D V T A E P V W F L A S M Q I A W
R T Q Q L T X G X Z O O O R I S U Y L R
F Y N H B P A C Q R D I E E L D T B T P
Y U A J G L L B M Y E D D E K I S S H G
G U N U U O E G G N R B E N L S M Z Y S
O U Z W W E R F I O E P G A A N H F D U
L G O R I Y Y T S L S M U F F P E O I U
O K Q W F N U I J C V Q I W A T P Q E F
N W W N A O D R H M P V L T M G F I T G
H X T Y R P X E U E M I D F D T M C N G
C Q R K E F D D E U P U R N D E T L B G
E O F E T U X L K M Q X W C T X B V S A
T C L F L I S R U O O P D Y E E Z A F B
B S E E Q F S L A U T I R E M I T D E B
S S L I M I T C A F F E I N E I K A H M

Healthy Lifestyle Habits – Solution

- PHYSICALACTIVITY
- BALANCEDDIET
- MODERATION
- NUTRITION
- SELFDISCIPLINE
- HYDRATION
- ROUTINE
- FEARLESSNESS
- MANAGEMENT
- MENTALHEALTH

Social Support – Solution

- FRIENDSHIPS
- EMPATHY
- COLLABORATION
- COMMUNICATION
- LISTENING
- BOOT (BOOST)
- KRG
- RUG
- DAVPGNCORC
- NTEAD
- NIMGNL
- EDTO
- SIRC
- ISNO
- CONNECTION

Building Resilience – Solution

- GROWTHMINDSET
- INNERSTRENGTH
- ERACFLES

Cognitive Restructuring – Solution

- EMPOWERMENT
- CHALLENGING
- PROBLEMSOLVING
- THOUGHTS
- RATIONALITY
- GROWTHMINDSET
- BALANCEDVIEW
- FLAT (FLATS)
- RESILIENCE
- PERSPECTIVE

Emotional Regulation - Solution

(word search grid)

Mind-Body Connection - Solution

(word search grid)

Self-Compassion - Solution

(word search grid)

Mindful Eating - Solution

(word search grid)

Exercise and Movement - Solution

E	X	E	R	C	I	S	E	E	Q	U	I	P	M	E	N	T	W	A	K
A	C	T	I	V	E	E	C	N	A	R	U	D	N	E	D	Z	S	P	N
Z	T	H	H	T	G	N	E	R	T	S	Q	A	W	F	T	Z	R	N	R
C	E	M	X	X	S	U	M	W	G	S	D	B	D	R	C	Q	T	A	Y
R	E	S	I	S	T	A	N	C	E	Q	N	R	A	E	P	E	G	Y	I
H	V	A	W	I	O	X	A	T	D	O	Q	I	W	O	R	K	O	U	T
V	H	G	Q	U	D	W	A	G	I	G	N	N	C	U	S	O	Z	Y	H
I	C	I	F	A	S	L	B	T	N	I	W	P	K	T	D	I	A	H	I
O	I	L	F	P	I	G	A	Q	N	I	J	E	A	N	Q	Z	S	R	D
L	D	I	K	P	Z	V	G	G	K	D	H	M	L	M	H	R	O	H	N
Z	Z	T	J	A	I	A	U	G	Z	R	I	C	G	C	W	F	E	R	F
G	S	Y	S	T	R	O	P	S	V	N	I	J	T	I	I	S	O	C	N
C	T	M	O	W	O	S	I	B	A	M	H	C	B	E	C	K	Y	C	Y
R	J	M	Y	G	V	S	K	D	Y	G	A	A	F	I	R	V	R	I	A
U	N	L	Q	Z	A	E	Z	M	I	R	L	I	B	V	T	T	R	D	P
M	O	V	E	M	E	N	T	L	D	A	S	O	Y	G	D	E	S	J	O
P	D	U	Z	M	S	T	F	I	N	F	R	B	M	P	O	N	R	B	Q
N	W	E	W	F	E	I	O	C	K	E	L	T	B	J	M	U	G	R	S
I	V	Y	V	A	X	F	E	F	A	S	A	K	I	Q	A	O	J	X	Q
T	E	Z	G	U	K	C	R	F	L	E	X	I	B	I	L	I	T	Y	P

Holistic Wellness - Solution

F	N	O	I	T	C	E	N	N	O	C	T	M	Z	X	K	G	P	U	X
N	V	G	W	F	I	T	Y	G	M	J	E	U	H	D	O	J	A	Y	J
X	Y	I	K	T	D	J	M	Y	C	I	C	A	L	B	I	M	T	I	B
N	D	Z	X	V	V	W	A	W	A	W	N	Q	P	G	Q	R	V	Q	E
H	E	A	L	I	N	G	I	M	E	F	A	D	A	M	A	J	S	V	W
P	H	X	M	M	U	K	W	L	X	I	L	L	F	N	I	J	M	I	D
K	M	T	B	X	O	E	L	M	N	V	A	Y	S	U	G	L	A	S	Y
Y	A	M	W	T	T	B	M	T	N	J	B	F	E	K	L	W	J	T	F
L	Z	G	H	O	E	N	E	P	Y	N	O	M	R	A	H	N	I	U	T
A	I	T	V	I	R	G	E	E	O	R	K	W	Y	O	F	L	E	N	D
V	U	X	N	A	R	G	R	M	M	W	Q	K	L	K	A	I	E	S	E
C	I	G	P	A	O	A	M	A	H	W	E	E	G	T	A	M	Q	Y	S
L	I	A	T	F	C	I	T	G	J	S	N	R	I	J	N	D	A	D	V
C	I	I	O	F	N	I	V	N	Q	E	I	V	M	G	B	T	Z	S	O
A	V	X	L	Q	O	O	D	M	S	I	C	R	I	E	D	I	C	Z	I
E	X	E	O	N	J	E	A	S	L	L	C	L	U	R	N	T	G	K	E
G	S	P	G	F	I	F	Z	X	S	M	A	I	Y	O	F	T	M	D	D
C	V	L	Z	R	Y	S	E	R	E	N	I	T	Y	U	N	P	I	F	F
U	N	G	Y	S	O	S	B	V	R	E	S	I	L	I	E	N	C	E	Z
M	E	N	S	B	K	S	E	L	F	R	E	F	L	E	C	T	I	O	N

Time in Nature - Solution

V	A	F	N	O	I	T	A	R	O	L	P	X	E	Y	Z	D	E	S	A
B	P	N	D	B	H	S	W	K	P	Q	W	K	L	P	X	R	S	L	I
Y	C	A	S	G	A	B	X	Z	E	I	P	B	W	T	V	M	N	B	Y
C	Z	C	I	R	A	I	V	R	L	M	H	L	H	N	D	M	Q	T	T
D	T	K	V	S	R	Q	U	D	S	J	O	N	S	C	E	N	I	C	U
G	S	F	N	D	F	T	L	W	S	G	I	U	A	O	S	I	L	R	A
R	N	J	G	M	N	I	H	F	E	C	S	O	B	E	Y	U	F	Z	E
E	Z	V	K	E	F	R	J	O	N	W	R	T	R	C	F	P	E	L	B
E	B	R	V	E	M	C	H	R	R	L	L	E	E	E	R	Q	B	W	L
N	Z	D	T	N	E	U	A	E	E	L	N	I	C	Y	W	S	O	A	A
E	A	X	R	Q	H	T	B	S	D	E	M	A	U	D	K	O	P	X	R
R	G	Q	T	A	W	Z	G	T	L	Q	E	W	N	Q	D	Q	X	N	U
Y	H	N	U	H	Z	I	J	B	I	P	L	Q	P	S	N	V	B	T	T
W	Y	K	I	P	Z	H	Z	N	W	P	Y	U	Q	C	M	A	P	F	A
A	C	U	E	K	S	L	I	A	R	T	E	R	U	T	A	N	R	L	N
K	A	J	U	L	I	F	R	E	S	H	A	I	R	K	F	T	J	T	R
U	C	J	B	P	G	H	O	U	T	D	O	O	R	S	X	E	G	E	O
Z	R	E	L	A	X	A	T	I	O	N	Z	S	N	F	B	X	I	U	C
Q	P	H	S	O	L	I	T	U	D	E	X	P	Y	G	T	A	I	D	G
N	A	T	U	R	E	I	M	M	E	R	S	I	O	N	Q	A	Z	Z	N

Digital Detox - Solution

F	P	T	N	Z	B	S	N	J	J	C	G	H	X	V	P	L	W	L	V
L	N	E	P	I	A	N	M	H	E	V	C	R	W	W	A	V	M	Y	C
V	H	I	I	E	E	N	T	R	K	O	E	C	O	F	F	L	I	N	E
D	E	U	J	G	U	L	A	R	N	L	G	R	A	T	E	X	J	W	O
T	A	Q	A	T	V	C	Y	P	A	N	E	H	Y	G	E	K	V	Y	G
F	L	U	O	S	F	Y	W	X	R	F	Y	K	R	G	F	A	C	M	B
H	T	N	Y	L	K	G	A	T	L	J	C	A	A	C	E	E	A	T	O
W	H	R	E	K	U	T	Q	E	T	R	H	G	J	R	K	R	R	P	S
C	N	S	P	I	I	V	C	C	E	C	N	N	K	W	B	B	E	R	C
L	P	N	L	O	H	T	E	A	E	E	W	I	M	H	Q	Y	S	E	R
B	V	K	N	I	I	N	T	R	I	N	A	T	U	R	E	G	T	S	E
B	G	G	S	O	N	I	I	X	S	K	G	P	F	B	U	O	K	E	E
I	N	W	N	O	V	W	V	C	U	H	E	L	Q	L	G	L	R	N	N
S	P	X	C	I	H	U	L	D	Q	C	H	E	P	C	B	O	C	C	F
C	P	S	T	P	T	S	Q	S	N	F	T	N	Q	G	L	N	Z	E	R
V	I	Y	V	M	Z	T	G	A	W	E	U	Q	R	Q	H	H	O	N	E
D	D	I	G	I	T	A	L	W	E	L	L	N	E	S	S	C	U	A	E
Y	T	E	B	Y	T	A	K	B	F	U	F	E	H	G	D	E	P	A	Y
C	U	A	L	Y	B	A	J	X	C	Q	C	X	M	E	M	T	U	Y	J
Z	U	C	C	B	T	J	M	I	N	D	F	U	L	N	E	S	S	M	P

Assertiveness Training – Solution

```
Z U S A D L J E Z A G N H G W Z D J W T
J L P S N C S E O G O I M D U E N T J F
J P J L E I U P Q I G E E N I G S T J K
S Q E N C N O I S S E R P X E F L E S J
H I R J Q I T S Q T J C D M Q C W M M V
A S A O P H E C S P F A L H D J T P D C
G W E R C R N E E G X V M A R M T J E O
C K F I P A F O L R N X Y Y R N Z A C N
W Y E X R L W V I O I C D L E I L U I F
Z P J E A D G I T A D V M R   T N S I
C W F S E E D T K C R A R E J V O Y I D
R W N Q Z T A N O D D E S P B J H Z V E
G T N M X I J V U K W P S O X T P E E N
D Q P Z T E D N M O E O U S Q A B N P C
J T G O G A A Y P C B W R N A F Z J E E
U E I W F D R M T H N T Z U F K G S V
N Q E L D Q E P F R G Y X B I J L T S Q
L S E U P O P E N N E S S O P R I E B U
C E C C O M M U N I C A T I O N R Y S L
      N A R U S S A F L E S A W D P N I
```

Laugh Therapy – Solution

```
K C W C F U G C O M E D Y C L U B S E D
X W Q Z O E X E U H S S V B S S O I U G
H C V U I P R K D S M Y N S B K C U F F
H S N B K I M L E I M I Z A Y T I X B P
D G Y S I L K N L E V K E F I H B O A P
B O P J E L I E Y R V A J M Q D J N C Y
V O A A F P B X O K L A U G H T E R J T
Q J E A P T N J A J B G I G G L E S O Q
F X H W O O R N V T R H X A T X D A G C
L Y T A L O L Y I L Y Q M X D D A C R P
V D R L F K R L M T Z U R X O Z T N L Y
T E E H N U U C I J S C B B C R Z N W S
W M T U W N R T E W I U H W R L S O J
I O H M Q T A N M D W B U O J P G G H I
T C G O N L L E Y A E C N S J G F K Y E
S S U R I X N S X U K R T S J O X M U T
N O A H U T M U K L L U K B K B K T M Z
E Z L W A S S E N L U F Y A L P E A W
I G J R U B P A H G U A L Y L L E B S C
```

HOW TO PLAY

Sudoku is 9x9 (classic, adult version), or 4x4 and 6x6 (kids versions) grid puzzle game.

In the adult version, the objective is to fill the 9×9 grid with digits so that each column, each row, and each of the nine 3×3 subgrids that compose the grid (also called "boxes", "blocks", or "regions") contain all of the digits from 1 to 9.

You are provided a partially completed puzzle to complete, with a single solution.

In the adult version, 4 difficulty levels can be found, Easy, Intermediate, Hard and Insane.

SUDOKU - 1

4				3	1
	1	6		2	
1	3	2	5		
	5	4			2
2			1	5	
5	6		2		3

SUDOKU - 2

6		5			2
	2	4		3	
4			2	5	
	1	2			3
2	4		3		5
	5	1	6	2	

SUDOKU - 3

2			3	5	
	3			6	1
1	4	5			2
		2	1	4	
6	5	1			
		2	3	5	6

SUDOKU - 4

5	6			1	2
		3		4	5
			2	5	4
	5	2	1		
6		5	4		
3	4	1		2	

SUDOKU - 5

2		1			5
	5	6		2	
5			1	3	6
	1		2		4
3	6	5			2
	4		5	6	

SUDOKU - 6

4	1	6			3
2	3			6	
		2	6		5
5		1		4	2
			2	3	6
6	2		1		

SUDOKU - 7

2		3			1
	1	6	4	2	
	5		3		4
3			2	1	5
	2	5			6
6			5	4	

SUDOKU - 8

4			3	6	5
	5	6			4
2			5	4	
1		5			2
	1	2	4	5	
	3		1		6

SUDOKU - 9

6		3			4
	5			3	2
		2	4	6	
5	6	4	1		
3		6	2		
2	1			4	6

SUDOKU - 10

		3		6	1
1	4		3		
5		4	1	3	
	6	1	2		
	3			1	2
6			5	4	3

SUDOKU - 11

1	6	3	5		
	2	4			3
2			1	6	
4	1		2		5
3				2	6
	4	2		5	

SUDOKU - 12

2	1			5	6
4		6	3		1
		1	2		5
	6	2	1		
6	3			1	
	2		6	3	

SUDOKU - 13

	2			1	3
1		6	2		
6	1	2		4	
		3	1	2	6
3	4			6	
			5	4		1

SUDOKU - 14

2		4		3	
		3	2	1	4
5	6			2	
		2	5		1
	2			4	6
1	4	6	3		

SUDOKU - 15

1	3	2			
5			1	3	
		5	4	2	3
	2		6	1	
2		1			6
	6	3	2		1

SUDOKU - 16

1	3	5		2	
	6	4	5		1
4				6	3
	2			4	5
3			6	5	
	4	6	3		

SUDOKU - 17

		5	2	1	
6	2	1			5
		4		6	3
5	3			2	
1	6		4		2
			6	3	1

SUDOKU - 18

	6		2	5	3
3		5		1	4
	3	6	4		
4		2		6	
	4	1	5		
6				4	2

SUDOKU - 19

6	5	1			
			1	5	6
	6		5		1
1	4	5			3
5		4	6	3	
	2	6		1	

SUDOKU - 20

2	6				3
3			1	6	2
			3	4	1
	4	3	6	2	
	3	6			4
4		2		3	

SUDOKU - 21

4		3	2	6	
	6	1	5		
	2			4	6
6			3	2	5
		6		5	2
5	4		6		

SUDOKU - 22

5			1		4
	4	1			2
2	5			3	
		4	6	2	5
4	6	5	2		
3			5	4	

SUDOKU - 23

	6		1	5	3
	1	3	4		
	2	1		6	
6			2		1
3		6	5	1	
1				3	4

SUDOKU - 24

4		3	2		
2				4	3
		4	5	1	2
	2		6	3	
1	4	2		6	
	3		4		1

SUDOKU - 25

5			4	2	
		3	5	1	
4	1				5
	5		1		2
	2	5	3	6	
6		4		5	1

SUDOKU - 26

	2		1	6	
3	1	6		5	
	5	3	4		2
1		2			6
4	3		6		
2				4	1

SUDOKU - 27

	2	4	1	5	
5	3		4		
4			6	3	5
	5	6			1
2			5	1	
1		5			2

SUDOKU - 28

3				2	5
	5	1	4		
6	3				1
	1	5		3	
		4	3	5	2
5	2	3	6		

SUDOKU - 29

5		2		4	
4	3			1	5
2		1	3		
	4			5	2
3	6		5		
		5	4	3	6

SUDOKU - 30

	5			1	6
6	3		4		
		3	5	6	2
5		2		3	
3	4			5	1
1		5	6		

SUDOKU - 31

4			3	6	
		1	5		4
3	6	4			2
1	5			4	
5	4			1	6
		6	4	3	

SUDOKU - 32

	5			3	6
3	2		5	4	
5			1		4
6		1	3	5	
	6	5			3
		3	6		5

SUDOKU - 33

6	1		3		5
3		2	1		
	2	6		1	3
	3		4	6	
		1		3	4
2	4		6		

SUDOKU - 34

	5		6	3	
	3	1		5	4
3	2		1		
1			5		3
2		6		1	
	1	3		6	2

SUDOKU - 35

3		4	5		
2			1		3
1		3		5	
	6	2		1	4
	3		2	6	
	2	5		3	1

SUDOKU - 36

	3		6		1
	1	5	2	4	
5		2		1	6
1			5	2	
		1	4	6	
4	2				5

SUDOKU - 37

6	3			2	
		5	3		6
2		6		3	4
			2	6	5
5	6		4		
4	1	2			3

SUDOKU - 38

6	2			4	3
		3	5	2	6
5		2			4
	6	1			5
	1		4	5	
2		4	3		

SUDOKU - 39

	4	6			5
		2		4	3
	2		4	1	
6	1		5		2
4			2	6	1
2		1	3		

SUDOKU - 40

		6	2		1
2	1			6	5
6		1		2	
4	5	2	3		
		5		4	3
3	6		1		

SUDOKU - 41

	5	1		6	
6			1	5	
	2	5			1
1	3		4		5
	1	3	5	4	
5			3		2

SUDOKU - 42

2		6	4		3
		3	1	2	
	5	2	6		1
3	6			4	
1	3			6	
	2			1	4

SUDOKU - 43

6		4		5	1
		5	3	4	6
2			5	1	
	5	1	6		
4	6			3	
	1		4		2

SUDOKU - 44

	6	4	1		2
	3		5	4	
3	2				4
		6	2	5	
1		2		6	
6	5			2	1

SUDOKU - 45

	2		1		5
	1	5	2	3	
4		3	6		2
2	6			5	
		6	3	2	
1	3				6

SUDOKU - 46

6			2		4
	1	2	3	6	
2	6	3			
1	5				3
		6	1	3	2
		1	5	4	

SUDOKU - 47

3		5			4
1	4		3		
6				3	1
	1		6	5	
5	6	1		4	
		3	4	5	6

SUDOKU - 48

			1	3	4
3	4	1	5		
1		2	6	4	
4	6				1
6		4		2	
	3	5			6

SUDOKU - 49

5			1	4	3
	1	3			5
1			3	5	
3		4			1
	4	1	5	3	
	3		4		2

SUDOKU - 50

	4	1	3		
	6			1	4
1			2	6	3
		6		5	1
4	1		6		
6		3	1	4	

SUDOKU - 51

		3	6		5
	5		2		3
	3	1		2	6
4	2			3	
3			1		2
1	6	2		5	

SUDOKU - 52

5			1		3
	2	3		5	
4			2	3	
3	1	2			6
	3		4		5
	5	4	3	1	

SUDOKU - 53

6		4			3
	3	1		6	
3			4	5	1
	4		3		6
4	5	6			2
2			6	4	

SUDOKU - 54

6	3			5	
	4	1		6	3
3	6		1	2	
1		4	6		
		3	5		6
		6		1	2

SUDOKU - 55

		3	5	6	
5	6				1
3		6		2	4
1	2		6		5
		1	4	5	
	4		2		3

SUDOKU - 56

			3	6	5
	3	5	1	2	
2		3	4		
5	6		2		1
1		2		4	
	4	6			2

SUDOKU - 57

		1		3	4
	4		1		6
2	3			5	
	1	4	3	6	
1		2	6		3
4		3			5

SUDOKU - 58

		4	3	2	
	1	3	5		4
6		2	4	1	
4	5				6
3		6		5	
1	2				3

SUDOKU - 59

1	2				3
	5	3		2	
		5	6	1	4
6	1	4	2		
3				6	2
	6	2	3		

SUDOKU - 60

	3		6	4	
5	4	6		1	
	2		5		4
6		4	1		
4				5	1
		5	4	3	6

SUDOKU - 61

	2		4	1	3
		1	2	6	
1		2			4
3	5			2	1
6			1		2
	1	5		4	

SUDOKU - 62

3			4		5
	2		3	1	6
4	1	6			2
	5		1	6	
6		5			1
	4	2		5	

SUDOKU - 63

5			6	2	4
		6	5		3
3	6	4			1
	5		3	4	
4		3			5
	1	5		3	

SUDOKU - 64

4		1	2		
3	6			4	5
			6	5	1
	1	5		2	3
1	3	4			
			3	1	4

SUDOKU - 65

4				1	6
6	1		3	2	
	6	1	4		3
5				6	1
1		4	6		
	5	6	1		

SUDOKU - 66

		5		2	1
		4	6	5	
6	5	2	1		
4	1	3		6	
	4		3		2
2				4	6

SUDOKU - 67

				2	4
		4	5	1	6
	2			6	5
6	5	3		4	
	6		4		5
3		5	2		

SUDOKU - 68

		2		3	4
3		6	5	2	
4	6			5	2
2		5	3		
	2			6	3
6	3		2		

SUDOKU - 69

	1		6	2	
	2			1	4
4	3		1		
2		1	5		3
	5	2			1
1		3		5	6

SUDOKU - 70

4		6		2	5
	5	2			6
	2		6	4	
6	3			5	
2		3	5		
5	6		2		4

SUDOKU - 71

		6	5	4	
4		1	2		
6	1	5		2	
3	4			5	6
		4		3	5
	6		4		2

SUDOKU - 72

	4	5	1		6
		6		3	5
5	3		2		
2			5		3
4	1		6	5	
		2		4	1

SUDOKU - 73

	1		6	5	
5	3	6		4	
	4	3	5		6
6		2			4
3	2		4		
4				3	2

SUDOKU - 74

3			6		5
6	5	4	3		
	6	5		3	4
	3			5	6
	2		4	1	
1		3	5		

SUDOKU - 75

		2	3	1	
4		3		5	
3	6			2	1
5		1	6		3
	3		4	6	
2	4				5

SUDOKU - 76

6				2	4
	1	4		5	
	5	2	3		
3	4			1	2
5		3	4		1
	6		2		5

SUDOKU - 77

1	4			6	2
6		2	5		
	1	3		2	
5	2		1		3
		4	2	5	
	5			3	6

SUDOKU - 78

3			4	6	2
		6	3	5	1
	4	3			6
6		2		4	
	6		2	3	
2	3				5

SUDOKU - 79

2	1				3
		6	1		5
		1	4	3	
3	4	2			6
6	2		3	5	
1		3		6	

SUDOKU - 80

2	1	3		6	
5			3		1
3		6	1		
4				5	3
	4		5	3	6
	3	5	2		

SUDOKU - 81

	2	5			4
	4		2	5	1
	1	4	3	2	
2	5			4	
4			5		2
5		2	4		

SUDOKU - 82

1	6	5	3		
3			6		5
5		6		3	
	4	3			1
		1	4	2	3
	3		1	5	

SUDOKU - 83

	5	4		6	
6	2	3			
3	1		2		6
		6	1		3
5			6	2	
4			5	3	1

SUDOKU - 84

4		2	6		
5	1			3	2
		1	3	6	5
	5			1	4
1	6	4			
			1	4	6

SUDOKU - 85

			6	5	1
5	1		2		
		1	3	2	
3		2	1	4	
6	2				3
	4	3		6	2

SUDOKU - 86

2	3	6			
1				3	6
6	2		5		
	5	4	6	1	
5	1	2			4
			1	2	5

SUDOKU - 87

2		1	5		6
		4		3	2
6		3	2		4
	2		6	1	
1	4			2	
		5		4	1

SUDOKU - 88

		1	3		2
		4	5	6	1
2	3		4		
1	4				5
4		2		5	3
	5	3		2	

SUDOKU - 89

	6	3	5		4
2		4		1	
4			1		6
6		1		5	
	1			4	5
	4		3	6	1

SUDOKU - 90

			4	1	2
		2	6		5
2	6	4	1		
	1			6	4
4		6		2	
5	2	1	3		

SUDOKU - 91

5	4			3	
	3		5	2	4
4		6		1	
1			6		5
	6	4	3		
3	1	5			2

SUDOKU - 92

2		6	1		5
3	1			2	
		1	2	4	
4	3				1
	2		6		4
	6	4	3	1	

SUDOKU - 93

	6		2	5	
2	5				6
		6	1	3	
3		2		4	
1	2			6	4
6		4	5		1

SUDOKU - 94

5				3	6
		6	2	1	5
	6		3	5	
3	1	5		4	
	4		5		3
6		3	1		

SUDOKU - 95

3	2	4			6
	6		3	2	
4			6		2
	3	1		4	
5			4	6	3
	4		2		1

SUDOKU - 96

6		1			3
3	4		6		2
5		6			4
	1		3	6	
1	5		2	3	
	6	3		5	

SUDOKU - 97

4	6			2	
	2		6	4	
6	1			3	2
5		2	4		6
		1	2		4
	4	6			3

SUDOKU - 98

		6	3		4
4	3			5	1
3		1		4	
6	4	5	2		
		3		6	5
5	6		1		

SUDOKU - 99

	6		1	5	
1			4		6
5		6	3		
		3		6	1
	5	1	2		4
3	2	4		1	

SUDOKU - 100

5				2	3
	2	1		5	
1	4	2	5		
	3	5			2
4			2	6	
2	5		3		1

SUDOKU - 101

3	5	6	2		
	1			5	6
1			6		5
	2	5	4	3	
5				4	3
4	3	1			

SUDOKU - 102

3		6		1	5
2		1			4
	3		1	4	
1		4	5		
	6		3	5	
	1	3		2	6

SUDOKU - 103

	5	1			6
3	2			5	
	6	5			3
1		3	5		2
6		4	3	2	
5			6	1	

SUDOKU - 104

	1		4		5
5	2	4			1
	3		1	4	
2		1			6
	6	2		1	
1			2	6	4

SUDOKU - 105

1		6		4	
3		4	6		2
	4	5			1
2		1	4		5
4	1			5	
	6		1	2	

SUDOKU - 106

5	6		1		
		4		3	6
4		6	2	5	
2	5			6	3
		2	6		5
	1			2	4

SUDOKU - 107

	5	1		4	
4		2		5	6
	6			2	3
3	2		5	6	
2		3	6		
5			2		4

SUDOKU - 108

	2	6	4		
5				6	3
6		4		3	
1	3	2	5		
	6	5		1	4
4			6		5

SUDOKU - 109

1	2			6	
		4	3		2
	3			4	1
4	1	5	2		
3		2		5	
		1	6	2	3

SUDOKU - 110

5		2			6
	4	6		3	
2			1	6	4
	6		5		3
6	2	4			1
	1		6	4	

SUDOKU - 111

5			3	4	
6	3				1
2	5		1		4
		3	2	6	
		2	1		5	3
3	6	5			

SUDOKU - 112

		2		3	4
5	4		2		
		4	1		5
2	1			4	
3		1		5	6
4	5	6	3		

SUDOKU - 113

	2		1	5	6
6	1			2	
5		2	6		1
	6	1			2
2		6	3		
	3			6	5

SUDOKU - 114

4			6	3	
		5	2	4	
	6	4	1		3
	2			5	6
1		3			2
2	5	6			4

SUDOKU - 115

	5	3		1	2
	6	2	5		4
	3		4	5	
6	4			2	
3			2		5
5		6			3

SUDOKU - 116

2	4	1			
3				1	4
		4		2	1
	1		5	4	3
	6	3	4		
4		5	1		6

SUDOKU - 117

2	1		3		4
4		6			5
6	4		5	3	
		3	4	1	
3			2	5	
	5	2			3

SUDOKU - 118

1	3	6			
			1	6	3
4		1	2		5
5	2	3		4	
			3	1	2
	1	2			6

SUDOKU - 119

			3	2	5
	2	3	6	1	
	4	5			2
6	1	2		5	
2				4	1
1			2		6

SUDOKU - 120

2	4	3			1
		6		4	3
	5		3	6	
6	3			1	
3			4		5
	2	5	1		6

SUDOKU - 121

6	5				2
		3	5		6
		6	3	2	
3	2	4			1
1	6		2	4	
4		2		6	

SUDOKU - 122

		5		4	1
	1	2	5		6
5	4			2	
	3	6		5	
1			3		5
6		3	4		2

SUDOKU - 123

2		6			3
	1		6	4	
6		1	5		
	5		3	6	
	2	3		1	6
1		4		3	5

SUDOKU - 124

1	6		3	4	
4			6		1
5		6	1	3	
	2	1			6
		5		1	4
2	1			6	

SUDOKU - 125

6	3	4			1
	5		6		4
	4	5	1	6	
1			4		3
	1	3		4	
4			3	1	

SUDOKU - 126

1		2	3	5	
	5	3	6		1
		1		6	5
6	4			1	
	1		5	3	
5			1		2

SUDOKU - 127

5	3			4	
1		4	5	6	
	4	2	6		
6			3		4
2		1		3	6
	6	3			1

SUDOKU - 128

		2		5	6
5	6		1		
		6	5		3
2	3			1	
6		4		3	1
3	2	1	4		

SUDOKU - 129

3	4	2	5		
		5		4	3
2	3		4		
		4	1		2
4	2			1	5
1		3		2	

SUDOKU - 130

4	6	5			3
1	2		6	4	
5		2		6	
6	1				2
		6	5		1
		1	4	3	

SUDOKU - 131

5	1	6			3
4			6	1	5
	6	2	1		
1				6	2
		5	4	2	
	4			3	6

SUDOKU - 132

3			5	2	6
	5	2	1		
4		1			2
	2		3	1	
1				6	5
2	6	5			1

SUDOKU - 133

	6		3	1	
3	1				5
		4	2	3	
2		1		5	
1	4			2	3
		2	3	1		6

SUDOKU - 134

6		4		3	2
		5	1		6
1			3	5	
	5	3	6		
3	2			6	
	4		2	1	3

SUDOKU - 135

1	5	6			3
	4		6	5	
3		4			2
	2	5		3	
4			3		5
	3		4	1	6

SUDOKU - 136

		4		3	2
	3	5	4		6
4		6		5	
	2		6	4	
6	4				5
3			1	6	4

SUDOKU - 137

1			2	4	
	2	4			1
5	4		3		2
3		2			5
2	6		1	5	
		1	6	2	

SUDOKU - 138

1	2				6
		6	1	3	
2		4		6	
6	1			2	4
	6	1	2		5
	5		6	1	

SUDOKU - 139

1	3				4
	4		1	2	
		4	3	6	
3	6				2
	2	3		4	1
4		1	2	3	

SUDOKU - 140

		3	4		2
5	2	4			
2	1		6		3
3	4	6		2	
			5	1	6
6			2	3	

SUDOKU - 141

1			5		6
	5	4		2	
3			2	5	
2	4	5			1
	2		6		5
	6	1	4	3	

SUDOKU - 142

	5	1	6		2
3	2	6			
2		3		5	
	4		1	2	3
1	3			6	
5			3		4

SUDOKU - 143

3	4		2		6
2		1	5		
	1			2	5
	2	4	3	6	
		2		3	4
4			1		2

SUDOKU - 144

	5		6	1	
	6	4		2	3
4	1		3		
3			4		1
6		1		3	
	3	2		4	6

SUDOKU - 145

2	1			5	
	4		2	1	
6		2		4	
1		4	3		2
	6	5			1
4		1	5		6

SUDOKU - 146

	5	6			3
2		3	6	5	
	3			2	5
	2		3		1
1	4		5	3	
3		5	1		

SUDOKU - 147

		5	1		6
2	6			4	3
5		2		3	
3	1	6	4		
		4		6	5
6	5		2		

SUDOKU - 148

	2	4			5
3			4	6	
5		3			4
	4	6	3	5	
	3		2		6
4			5	1	3

SUDOKU - 149

3	1				4
5		6		3	2
	3		2		6
	6		3	4	
	2	3		5	
1		4	6		3

SUDOKU - 150

3	4	5			
			3	4	5
2		3	5		
6	5			1	3
			1	5	6
	6	1		3	2

SUDOKU - 151

2	3	4	6		
	6	1		2	4
	2			4	6
	4		1	3	
4		6	2		
3			4		1

SUDOKU - 152

4	6	1			3
		2	1		4
		6		4	5
5	4			1	
1			4		6
	3	4	5	2	

SUDOKU - 153

1		5		3	2
	2	3	4		
4			2		1
2				6	4
	1	2	5		
5	6		1	2	

SUDOKU - 154

	3	4	5		
2			4		3
5			3	2	1
	2	3		4	5
4	1		2		
		2		5	4

SUDOKU - 155

2	1	4			
3			2		4
6		1	5	4	
	3		6	2	1
	4	3		6	
		2	4		5

SUDOKU - 156

	5		2		6
		2	4	3	
4		5	1		
1	2	3		5	
5	4			6	2
		6		4	1

SUDOKU - 157

		2	5		1
	3			4	2
3	5	6	2		
2		4		6	
		1	4	2	3
4	2			5	

SUDOKU - 158

		5	2	6	3
2	6				1
	5		1	3	2
			6	5	4
5	2	4			
6		1		2	

SUDOKU - 159

	4	2		1	
1	6		2	5	
	5		3		2
2		6	5		
		5		2	6
6		4	1		5

SUDOKU - 160

3			2		4
	6	2	1	5	
5	2	1			6
		4	5		1
		6		4	2
2	4			1	

SUDOKU - 161

	4	6	2	1	
5			6	4	
	2			5	4
1		4			2
4	3	1	5		
			4	3	1

SUDOKU - 162

	2	6			5
3		1	2	6	
	6			4	1
	4		5	2	6
6	1			5	
5		4	6		

SUDOKU - 163

	2		1	6	3
1	3			5	
2			3		5
	4	5	6		2
4		2			6
	5	3		2	

SUDOKU - 164

	1		2	6	
3		6	1		
2			4		6
		1		5	2
6	4	2		3	
1	5			2	4

SUDOKU - 165

3		5	2		4
	1	2			5
1		6		5	3
	3		1	2	
	4			3	2
2		3	6		

SUDOKU - 166

3		2	6		
5				2	3
	3	1	4		
	4		2		1
4			5	1	6
	5	6		4	2

SUDOKU - 167

3	5		2	4	
		4	5		6
	3	1			4
6		2		1	
4	6		1	5	
2			4		3

SUDOKU - 168

1	6	3			
	5		1		3
6	2	5			
			6	2	5
5		2	3	1	
	1		5	4	2

SUDOKU - 169

	1	5	6		2
2	3	6			
1			3	6	
		3	2	1	5
	2		1	5	
5		1			3

SUDOKU - 170

5	6		3		4
	4	3		2	
4		1		6	
2	5		4	3	
6			1		3
		4		5	6

SUDOKU - 171

	6		4		5
5		4	3	6	
4	3			1	
6	1		5		3
2		3	1		
		6		3	4

SUDOKU - 172

2	5		4		
6		4	2		3
	2	6			5
5		1		4	2
	6		3	2	
	4			6	1

SUDOKU - 173

2		4		1	3
	1		2	4	
1	2			5	
5		3	1		
4		1	6		5
	5	2			1

SUDOKU - 174

		5	4		6
		4	2	5	1
5	2		1		
1	4				5
6		1		4	2
	5	2		1	

SUDOKU - 175

		3	5		6
5	4				3
3		1		6	2
	2		3	5	
1	3			2	
4		2	1		5

SUDOKU - 176

6			1	4	3
4		3	6	2	
	3			1	6
	5		2		4
	4	1		6	
3		2	4		

SUDOKU - 177

		4	3	1	
	6	3	4		5
6	5			3	
	3		5	6	
2		6	1		3
3		5			2

SUDOKU - 178

6	1			5	4
			1	2	6
		1	6	3	
2	6	3			1
1	3				5
5		6	4		

SUDOKU - 179

6			5	3	2
	2		6		4
1	3	2			5
4			3	2	
2		4			3
	1	3		4	

SUDOKU - 180

	4		3		5
5	3	1			6
6	2		5	4	
		5		6	3
3	6	4			
			6	3	4

SUDOKU - 181

5			2	3	
		2	5	1	4
2	3	5			1
		1		5	2
1	5			2	
		2		1		5

SUDOKU - 182

3	1	4			5
	5		3	1	
1		5			6
	6	3		5	
5			6		3
	3		5	4	1

SUDOKU - 183

	2		6		3
1		6	5		
6				3	5
		5	1	6	2
	5		3	4	
4	6	3		5	

SUDOKU - 184

	2	6			5
4	5			6	
	4	5	6		3
6			5	2	
1		4		5	
5		2	4		1

SUDOKU - 185

6		4			5
5	2			4	
		5		2	3	6
3	6	2		5	
2			6	5	
	3		4		2

SUDOKU - 186

	6			2	5
	5		3	4	
3		5		6	
6		4	2		3
	3	2			4
1		6	5		2

SUDOKU - 187

6		3		4	
1	4			3	6
		5	1		3
	2			6	5
5	3		6		
		6	3	5	4

SUDOKU - 188

4		5	3		
2	1		5		6
		1		2	5
	2	4			1
	4		2	5	
3	5		1	6	

SUDOKU - 189

2	1			5	
3	5		6	2	
6			3		2
1		2	5	4	
	6	1			5
		3	1		4

SUDOKU - 190

	6	4	2	5	
2			6		1
	1	6		3	
3			1	6	
5	3	1			6
	4		3		5

SUDOKU - 191

2	3		4		
5			1		2
4		5		1	
	1	3		4	5
	5		3	6	
	4	6		2	1

SUDOKU - 192

	6		2		3
	5	3		1	
5	4	6	1		
1			6	4	5
6		5	3		
		4		6	1

SUDOKU - 193

5		3		1	4
	4		5	6	
	2			3	5
6	3		1		
3		6	4		1
	1	2			6

SUDOKU - 194

	4	5			6
	1		4	5	3
	2	6	5	3	
5	3			2	
1			3		2
2		3	1		

SUDOKU - 195

		4	2		6
	1		4		5
	6	5		2	3
2	3			6	
1			3		2
5	2	3		4	

SUDOKU - 196

	2			5	6
5	6		4		
		3	2	6	1
6		2		4	
1	4			2	5
2		5	6		

SUDOKU - 197

4	5			6	
	2		5	1	4
6		2		4	5
		4	6		1
2			1	5	
	6	5	4		

SUDOKU - 198

5			4	3	
6		4			5
	4	3	5	6	
	6		2		3
3			6	5	4
	5	6		1	

SUDOKU - 199

	3	6			1
1		2		6	5
4	6			1	
	2		6	5	
2		4	1	3	
6			5		2

SUDOKU - 200

	4	3		2	6
1	6			4	
	1	4		6	5
3			2	1	
6		5	4		
	3		6		2

SUDOKU - 201

	2	6			5
3	5	4		6	
	1		6	4	
6	4		1		
4		1		2	6
			3	1	4

SUDOKU - 202

	1	3		4	
2			1		6
	6		3	2	4
3	4	2			5
	3		2	5	
1		5			3

SUDOKU - 203

		4	1		6
1	2			5	3
3		2		4	
4	5	1	6		
		5		6	4
6	4		2		

SUDOKU - 204

6	3	4			2
2		1	4	6	
		6		2	1
1	2	3			
			2	3	6
	6		1		4

SUDOKU - 205

		3	2		1
1			6	5	
3			4	6	5
	6	4		1	
2	1	6			
4	3		1		6

SUDOKU - 206

	6	5	1		
	1		5		4
2			6	4	3
	4	3		5	1
1		6	4		
5				1	6

SUDOKU - 207

		4	6	1	3
	3		2	5	
4	5	1		6	
	6		5		1
6		2	1		
3				2	6

SUDOKU - 208

2	5				1
		1	2	4	
4		5		1	
1	6			2	4
	1	6	4		2
	4		1	6	

SUDOKU - 209

	6	1		4	2
4			6		1
6		2	3		
	4		2		6
	5	6		2	3
2	3			6	

SUDOKU - 210

	1		2		5
	5	6		3	4
4	2			1	
	6	5		2	3
5			6		1
6		1	3		

SUDOKU - 211

4			5	2	6
	5	6	3		
6				5	3
		5	6	4	
	4			6	1
1	6	2			5

SUDOKU - 212

		6		4	1
	1		6	3	
5			3	6	
6		4	5		2
	6		4		3
2	4	3			6

SUDOKU - 213

	6		4		5
	2	4	3	1	
4			2		1
	1	5		4	
1			5	6	
6	5	2			4

SUDOKU - 214

2	5			3	4
		6	5	1	
5	2				1
			2	5	3
6		2			5
4	3	5	1		

SUDOKU - 215

6	4				1
	5		4		6
		6	5	2	1
2		3		4	5
1	2			5	
		4	1	6	

SUDOKU - 216

	3	1		4	2
	6		5	1	
	2	4		3	5
3		5	4		
2			3		1
1		3		6	

SUDOKU - 217

5		4			6
1		6		3	
	5	2		6	1
	6		2	5	
2		5	6		
	4		5	1	2

SUDOKU - 218

4		1	2		3
	2	3	1		
	3			5	1
5	1	4			
1	6	5		2	
			5	1	6

SUDOKU - 219

2		1			6
	4		3	1	2
1	5	2			
		4	1		5
		5	2	3	4
4	2			6	

SUDOKU - 220

3	2	4			
6	1		2		4
		3	1		6
2			3	4	
1			4	6	3
	3	6		1	

SUDOKU - 221

1	3			4	5
		4		1	3
	1		3		2
	2	3	4	5	
3		1	5		
2	5	6			

SUDOKU - 222

6			4	2	
5	2				3
		6	3	5	
	5	3			6
3			5	6	4
	6	5	2	3	

SUDOKU - 223

1	6	3			2
5			1	3	6
3		2			4
	4	1	3		
4				5	1
	1		4	6	

SUDOKU - 224

6			5	4	
	5	4			6
3	2			6	1
	6	1	2	3	
5			1		4
	4	2		5	

SUDOKU - 225

6	5	2		1	
			6	2	5
1		6			2
2	3	5			4
	2		5	3	
		3	2		1

SUDOKU - 226

	6			2	3
2		4			5
			5	3	2
3		5	6		
6	5		2		4
1	4	2		5	

SUDOKU - 227

3	2		1	5	
	1	4			6
6		2		4	1
	5		6		3
2			4	1	
1		5	3		

SUDOKU - 228

	1			4	5
5		3	2		
1	5	4		2	
		2	4	5	1
4	3			6	
		5	1		4

SUDOKU - 229

		3	4	1	
2	1	4		6	
	6	5	2		1
4				5	3
	4		1		6
1	3			2	

SUDOKU - 230

2			5	4	
5	4			6	3
		5	1	2	4
1	2	4			
			3	5	6
		5	6	4	

SUDOKU - 231

4	3	6		5	
	1		3		6
3			6		2
6			5	3	
	6	3		2	5
	5	4	1		

SUDOKU - 232

	6	1		2	
4	5		3		6
5				4	1
2	1		6	3	
		5	4		3
		3	1		2

SUDOKU - 233

		4	1		2
2		3		4	5
			5	2	4
4	5	2	3		
6	4				3
3	2			5	

SUDOKU - 234

4		1	3		
	3	2			5
		3		5	6
	6		2	4	
5	2		6		1
3			5	2	4

Made in the USA
Monee, IL
06 December 2023

48402432R00059